BENJAMIN FRANKLIN

En el corazón de la Revolución estadounidense

Por Cédric Leloup
En colaboración con Benoît-J. Pédretti
Traducido por Marina Martín Serra

BENJAMIN FRANKLIN

- **¿Nacimiento?** El 17 de enero de 1706 en Boston.
- **¿Muerte?** El 17 de abril de 1790 en Filadelfia.
- **¿Principales aportaciones?** Este físico al que debemos la invención del pararrayos es también uno de los principales protagonistas de la Revolución estadounidense. Durante este episodio de la historia americana, Franklin contribuye a la elaboración de la Declaración de Independencia de los Estados Unidos y establece una alianza con Francia. Asimismo, es uno de los signatarios de la Constitución estadounidense.

El dólar estadounidense, un emblema del país y de su poder económico, también es la moneda más utilizada en el mundo para realizar transacciones financieras. Es tan popular que todos conocemos la imagen del famoso billete de 1 dólar, presidido por George Washington (1732-1799). Sin embargo, este nombre no es el único de los grandes de la historia estadounidense que aparece en los billetes: también cuentan con la presencia de los presidentes Jefferson (1743-1826), Jackson (1767-1845), Lincoln (1809-1865) y Grant (1822-1885), así como del financiero Alexander Hamilton (1755-1804) y el físico Benjamin Franklin. Este último aparece en los billetes de 100 dólares, lo que nos da una idea de la gran importancia que tuvo este hombre en la historia de su país y del símbolo que todavía hoy representa para sus compatriotas. Franklin, verdadero padre fundador de los Estados Unidos, es el arquetipo del hombre hecho a sí mismo.

Nacido en 1706 en una modesta familia de Boston, Benjamin Franklin es un perfecto autodidacta. Desempeña uno tras otro los oficios de impresor, periodista y físico, y realiza experimentos sobre los fenómenos eléctricos e inventa el pararrayos. Muy implicado en la vida política de las colonias inglesas de América, defiende sus intereses frente a los abusos de la corona británica y desempeña un papel clave durante la Revolución estadounidense, participando en la redacción de la Declaración de Independencia de los Estados Unidos y estableciendo una alianza con Francia. Además, es el único signatario de las tres actas fundacionales de su país y, gracias a su ardua labor, ha legado al mundo un modelo de libertad, de justicia y de igualdad.

CONTEXTO

LAS TRECE COLONIAS BRITÁNICAS DE NORTEAMÉRICA

La colonización de Norteamérica por parte de Inglaterra empieza en el siglo XVII, bajo el reinado de Jaime I (1566-1625). Entre 1607 y 1732, los británicos fundan progresivamente trece colonias en ese territorio: Virginia, Massachusetts, Nuevo Hampshire, Maryland, Connecticut, Rhode Island, Delaware, Carolina del Norte y del Sur, Nueva Jersey, Nueva York, Pensilvania y Georgia. Estos territorios están situados en la costa este de Norteamérica, entre el Atlántico y la cordillera de los Apalaches, en una estrecha franja de tierra que rápidamente se queda pequeña para los colonos: la demografía está creciendo exponencialmente debido a la inmigración europea y a una alta tasa de natalidad. Así, si las colonias cuentan con 50 000 habitantes en 1650, pasan a tener 250 000 en 1700, 1 170 000 en 1750 y 2 148 000 en 1770. Por lo tanto, se impone la necesidad de conquista de nuevas tierras en el norte y el oeste, pero los proyectos de expansión territorial de los ingleses se topan con la presencia francesa en Norteamérica. De hecho, las Trece Colonias británicas están encerradas en Nueva Francia, un vasto territorio que se extiende desde Canadá hasta Luisiana. Aunque los franceses son menores en número, controlan la frontera y representan una amenaza de invasión constante para las Trece Colonias. En este sentido, gozan del apoyo de tribus amerindias que son hostiles a los colonos ingleses y a sus ambiciones territoriales.

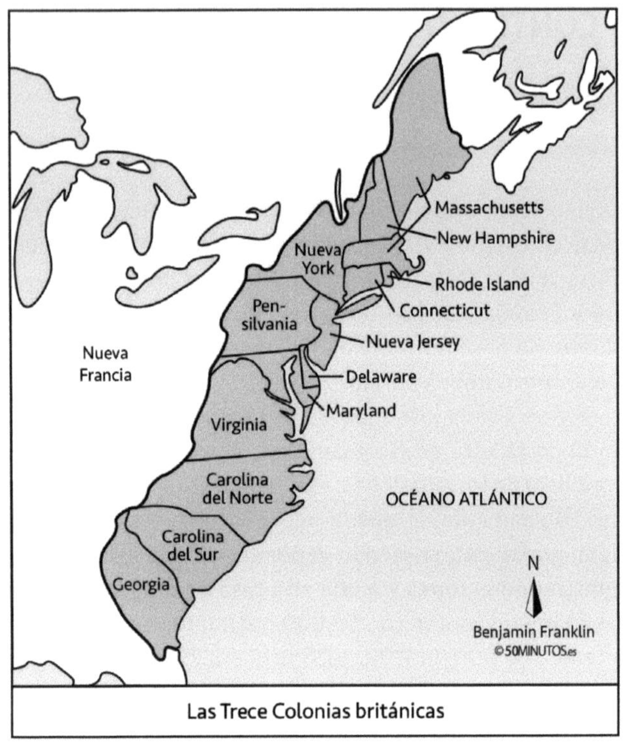

Las Trece Colonias británicas

¿Sabías que...?

De 1689 a 1763, Europa se ve sacudida por cuatro importantes conflictos que enfrentan a Francia y a Inglaterra:
la guerra de la Liga de Augsburgo (1689-1697), la
guerra de Sucesión de España (1701-1714), la guerra de
Sucesión de Austria (1740-1748) y la guerra de los Siete

Años (1756-1763). De forma progresiva, estos conflictos europeos adoptan una dimensión mundial. Así, mientras que la guerra de la Liga de Augsburgo y la de Sucesión de España solamente transcurren en Europa y en América, las demás se extienden a las colonias de Asia (principalmente a India) y de África (Senegal). Así pues, a partir de mediados del siglo XVIII, Norteamérica se convierte en un desafío político importante.

Las Trece Colonias gozan de una amplia autonomía y presentan regímenes diferentes según si poseen una carta, si están gobernadas por propietarios o si dependen directamente de la Corona británica. Las primeras están dirigidas por sus fundadores durante un tiempo determinado, gracias a la carta que les otorga el soberano, antes de pasar a estar bajo la autoridad real. Las segundas, por su parte, están controladas por sus fundadores, que son sus dueños formales y no deberán cederlas a la Corona. A pesar de todo, están controladas en mayor o menor medida por el mismo sistema político, encabezado por un gobernador que ha sido designado por el rey o por los propietarios. El gobernador cuenta con la ayuda de un consejo formado por representantes estadounidenses, y las leyes, los gastos y los impuestos se aprueban en una asamblea representativa. Sin embargo, no existe ninguna administración común entre las colonias, exceptuando el lejano Board of Trade and Plantations (la Junta de Comercio) que supervisa los asuntos coloniales desde Londres. Así pues, la Corona británica constituye el único nexo de unión entre las Trece Colonias.

En vísperas de la Revolución estadounidense, las colonias presentan desunión en muchos aspectos. En el plano económico, el Sur es una tierra de plantaciones exportadora de tabaco, arroz e índigo, mientras que el Norte vive principalmente de la pesca, de la exportación de la madera y de la construcción de barcos. La población de las colonias también es muy variada. Mientras que la mayoría de los colonos vienen de Inglaterra, durante el siglo XVIII se instalan en América grandes comunidades alemanas e irlando-escocesas. No hay que olvidar tampoco la importante comunidad negra procedente de la esclavitud, que en 1775 representa una quinta parte de la población estadounidense. Esta diversidad étnica se acompaña de una pluralidad religiosa: durante este período el 99 % de los estadounidenses son protestantes, pero practican diversas corrientes del culto que van desde el congregacionalismo hasta el anglicanismo, pasando por el metodismo. Así pues, antes del comienzo de la revolución, el pueblo estadounidense no forma para nada una nación.

LA GUERRA DE LOS SIETE AÑOS

Las tensiones entre los ingleses y los franceses alcanzan su punto álgido en 1754 y se materializan en torno al control del valle del Ohio, que los colonos estadounidenses empiezan a ocupar y donde, el 28 de mayo del mismo año, George Washington —un oficial estadounidense al servicio de los británicos— ataca por sorpresa a un destacamento francés y mata a su comandante. El acontecimiento desencadena la llamada guerra franco-india (en inglés, «French and Indian War»). En Europa, este conflicto empieza en 1756 y adopta el nombre de la guerra de los Siete Años.

Durante los primeros años de los combates, los franceses ganan a los ingleses. Sin embargo, la situación evoluciona a partir de 1758, ya que 30 000 soldados ingleses son enviados a América y miles de milicianos americanos se unen a ellos. Entonces Inglaterra, que goza de una clara superioridad por tierra y por mar, inicia la conquista de Canadá. En junio de 1759, los ingleses anclan una flota delante de Quebec y asedian la ciudad, que acaba capitulando el 18 de septiembre. Un año después, la caída de Montreal pone fin a las hostilidades en América. Mediante el Tratado de París del 10 de febrero de 1763, Francia cede a Inglaterra y a España todas sus posesiones americanas, con la excepción de algunas islas de las Antillas, del archipiélago de San Pedro y Miquelón y de los derechos de pesca en Terranova.

LAS CONSECUENCIAS DE LA GUERRA

En el año 1763 se produce la victoria conjunta de Inglaterra y sus colonias sobre el enemigo francés. Sin embargo, lo que debería haber fortalecido los vínculos entre ellas causa tensiones que conducirán a la Revolución estadounidense. Así, las colonias americanas no pueden realizar su sueño de ampliarse hacia el oeste a pesar de la conquista de Nueva Francia, ya que la amenaza de levantamientos de los amerindios insta al Gobierno británico a suspender la expansión de las colonias más allá de los Apalaches a partir de 1763. Mientras tanto, el Parlamento inglés aprueba la Ley de Quebec (1774), que amplía el territorio de la nueva provincia de Quebec hasta los Grandes Lagos y prohíbe, en consecuencia, el avance de las Trece Colonias hacia el norte. Ambas medidas despiertan el resentimiento de los colonos americanos, que deben abandonar las nuevas tierras de las que habían empezado a disfrutar.

Por otra parte, para amortizar el alto coste de la guerra y de la ocupación militar de los territorios conquistados, Inglaterra decide aumentar los aranceles sobre la importación de productos extranjeros a las colonias e instaurar nuevos impuestos. Con esta finalidad, aprueba la Ley del Azúcar (1764), que eleva los aranceles sobre las importaciones de azúcar —un producto que, sin embargo, es esencial para la economía colonial—. En marzo de 1765 también se aprueba la Ley del Timbre, que impone la compra de sellos fiscales que tienen que colocarse en todas las actas oficiales y en todos los escritos públicos. Los norteamericanos consideran que estas medidas adoptadas por el Parlamento británico —en el que las colonias no cuentan con representación— son inconstitucionales e injustas, y desean pagar impuestos solamente dictados por sus asambleas locales. Ante las protestas, Londres retrocede inicialmente mediante la derogación en 1766 de la Ley del Azúcar y de la Ley del Timbre, pero el año siguiente vuelve a la carga con la aprobación de las leyes de Townshend, que gravan las importaciones de plomo, vidrio, pintura, papel y té. Estas leyes son derogadas a su vez en 1770, con la excepción del impuesto sobre el té. La tensión entre los colonos y las autoridades británicas es tal que se producen algunos incidentes. El más violento es la Masacre de Boston de marzo de 1770, que resulta en la muerte de cinco civiles estadounidenses.

La Masacre de Boston.

LA REVOLUCIÓN ESTADOUNIDENSE

La ruptura entre la Corona y las colonias se produce en mayo de 1773, cuando el Gobierno británico decide salvar a la Compañía Británica de las Indias Orientales de la bancarrota desgravando el té que vende. Ante esta competencia desleal, el 16 de diciembre de 1773 se produce el acontecimiento conocido como el Motín del Té: 60 ciudadanos de Boston lanzan al mar el cargamento de té de tres barcos de la compañía, provocando una reacción inmediata por parte de Londres, que cierra el puerto de la ciudad y envía tropas al lugar. Los americanos ven esta respuesta como un acto de agresión y los colonos, unidos por su rechazo al «tiránico» rey de Inglaterra, se arman y se organizan en milicias.

El Motín del Té.

Entre el 5 de septiembre y el 26 de octubre de 1774, se celebra en Filadelfia un primer congreso continental que reúne a doce colonias de las trece, con el objetivo de delimitar los poderes reales en América y de determinar la actitud común que hay que adoptar frente a los abusos británicos. Tras una primera escaramuza entre americanos e ingleses cerca de Lexington (19 de marzo de 1775), las Trece Colonias reunidas en un segundo congreso (10 de mayo de 1775-1 de marzo de 1781) acuerdan crear un ejército cuyo mando se le confía a George Washington. La guerra de Independencia (1775-1783) acaba de empezar y estará marcada por una serie de importantes acontecimientos.

Así, el 4 de julio de 1776, el Congreso adopta la Declaración de Independencia, que proclama el nacimiento de los

Estados Unidos de América. Asimismo, tras las hábiles negociaciones diplomáticas en París de una delegación americana —formada, entre otros, por Benjamin Franklin— la joven nación obtiene el apoyo militar y financiero de Francia contra Inglaterra en febrero de 1778. Juntos, franceses y americanos obtienen la victoria decisiva de Yorktown (19 de octubre de 1781), que marca prácticamente el final de los combates. Mediante la firma del Tratado de París el 3 de septiembre de 1783, Gran Bretaña reconoce la independencia de los Estados Unidos, que adoptan una Constitución en septiembre de 1787.

Ataque durante la batalla de Yorktown.

BIOGRAFÍA

Retrato de Benjamin Franklin por Joseph-Siffred Duplessis, 1778.

BENJAMIN FRANKLIN, UN HOMBRE HECHO A SÍ MISMO

Benjamin Franklin nace el 17 de enero de 1706 en Boston, en el seno de una modesta familia de fabricantes de velas. Puesto que los recursos de sus padres son muy escasos, Benjamin solamente puede asistir a la escuela hasta los diez años. Así pues, empieza a trabajar desde muy joven, primero en el taller familiar y luego como obrero ayudando a uno de sus hermanos, que es impresor. Entonces, descubre los grandes autores y se forma en los oficios de impresor y de periodista. Desde los 15 años, redacta artículos bajo el pseudónimo de Silence Dogood para el periódico *New England Courant*, fundado por su hermano. En 1723, se instala en Filadelfia y trabaja como impresor y, en noviembre del año siguiente, se embarca hacia Londres, donde permanece durante dos años para perfeccionar su técnica. Cuando regresa de la capital de Gran Bretaña, pone en marcha su propia empresa y, en 1729, compra el periódico *The Pennsylvania Gazette*, que se convierte en el más leído en las colonias. Además de su periódico, su imprenta produce encargos privados, papel moneda y los textos legales que emite la Asamblea representativa de Pensilvania, fuente de prosperidad. Entre 1732 y 1757, publica anualmente el *Almanaque del pobre Ricardo*, un verdadero superventas en el que proporciona, entre otros, un calendario e informaciones relativas al clima y a la astronomía, con el fin de ayudar a los agricultores en sus tareas cotidianas.

Durante su primera estancia en Filadelfia, Benjamin Franklin se aloja en casa de la familia Read, donde conoce a Deborah Read (1708-1774). Mantiene una breve relación con esta última pero, tras su partida a Londres, Deborah se casa con el alfarero John Rogers. Sin embargo, Deborah pronto pone fin a su relación, ya que el alfarero tendría otra cónyuge en Inglaterra. Cuando Franklin regresa a América, vuelven a verse y se acaban casando en septiembre de 1730. Fruto de su matrimonio nacen tres hijos: William (1730/31-1813), Francis (1732-1736) y Sarah (1743-1808).

El hijo mayor, que ocupa el puesto de gobernador real de la colonia de Nueva Jersey entre 1762 y 1776, elige ser leal a la Corona y se exilia en Inglaterra tras la derrota británica, mientras que su padre se había unido a las filas de los patriotas estadounidenses. Como consecuencia de ello, las relaciones entre el padre y el hijo se verán alteradas para siempre.

BENJAMIN FRANKLIN, FILÁNTROPO Y HOMBRE DE CIENCIA

El éxito económico de Franklin, consagrado impresor oficial de Pensilvania en enero de 1730, le permite dedicarse al bienestar público. Junto con algunos amigos, funda el Junto (1727), que se convertirá en la Sociedad Filosófica Estadounidense. Asimismo, crea una biblioteca, la Library

Company of Philadelphia (1731); una academia (1751), que se convertirá en la Universidad de Pensilvania; y, también, un hospital destinado a todos (1752). Sus acciones bienhechoras combinadas con la amplia difusión de su periódico hacen que, a partir de 1731, se le abran las puertas de la logia masónica de San Juan. Tres años después, se convertirá en su gran maestro.

Franklin también es un genial inventor y un científico brillante. Se le atribuye, entre otros, el desarrollo de las lentes bifocales, de un nuevo modelo de estufa capaz de calentar los hogares estadounidenses de forma más eficaz, de un catéter urinario y de una armónica de cristal. Pero su invento más famoso sigue siendo el pararrayos, creado en el marco de sus estudios sobre los fenómenos eléctricos y que le aporta una gran popularidad en la esfera científica, sobre todo en Francia. En 1750 descubre, de hecho, la naturaleza eléctrica del rayo, a través de su experimento de la cometa. Con el reconocimiento de sus colegas en el ámbito de las ciencias, entra en la Royal Society de Londres en 1756 y se convierte en miembro asociado de la Academia de Ciencias de Francia en 1772.

Benjamin Franklin atrayendo la electricidad del cielo, cuadro de Benjamin West, c. 1816.

¿Sabías que...?

La invención del pararrayos es un asunto controvertido. Aunque el 29 de julio de 1750 Benjamin Franklin formula por primera vez la idea de protegerse de los rayos mediante barras metálicas colocadas en dirección al cielo y conectadas con el suelo, es Thomas-François Dalibart (1709-1799) quien lleva a cabo la experimentación con el primer pararrayos, el 10 de mayo de 1752, basándose en los trabajos del sabio estadounidense. No hay nada que demuestre que Franklin realice este experimento en persona, ni tampoco el de la cometa, que habría ideado en junio de 1752 y que tiene el objetivo de atraer el rayo sobre el objeto al que se le engancha una llave metálica.

BENJAMIN FRANKLIN, POLÍTICO Y PADRE FUNDADOR

Franklin se interesa pronto por la política. En 1736, es nombrado secretario de la Asamblea representativa de Pensilvania, de la que se convierte en diputado en 1751. Consciente de la amenaza que los franceses representan para la seguridad de las colonias, preconiza la creación de una milicia de defensa. En el Congreso de Albany (19 de junio-11 de julio de 1754), al que asisten varias colonias, propone un plan de unión entre ellas, pero su propuesta es rechazada inmediatamente.

Entre 1757 y 1762, la Asamblea de Pensilvania envía a Franklin en misión a Londres, para hablar sobre la situación fiscal de la colonia con sus propietarios, la familia Penn. En 1764, vuelve a viajar a la metrópoli para defender los intereses de su colonia ante el Gobierno británico. Cuando este último adopta la Ley del Timbre en 1765, Franklin, que considera que solamente las colonias pueden imponer contribuciones en su territorio, se convierte en defensor de los derechos de los colonos. Sin embargo, a pesar de sus esfuerzos por acercar posiciones no puede evitar que se produzca la ruptura entre ingleses y americanos, y en 1775 vuelve a su país con gran pesar. Si en otro tiempo sintió que pertenecía a la nación británica, ahora se considera americano. Cuando vuelve a su tierra, representa a Pensilvania durante el Segundo Congreso Continental, que se celebra en Filadelfia, y participa en la redacción de la Declaración de Independencia de los Estados Unidos, adoptada por el Congreso el 4 de julio de 1776 y firmada por varias personalidades importantes, como el propio Benjamin Franklin.

BENJAMIN FRANKLIN, DIPLOMÁTICO

Franklin, que es famoso en Europa por sus investigaciones científicas y por haber vivido allí durante muchos años, es nombrado embajador en Francia por el Congreso, con el fin de forjar una alianza contra Inglaterra. Llega a su destino en diciembre de 1776 y cumple con su misión a la perfección, concluyendo un tratado de alianza decisivo entre las dos naciones el 6 de febrero de 1778. Algunos años después, firma con Inglaterra el Tratado de París, que reconoce la independencia de los Estados Unidos. Regresa al país en 1785 y aprueba la Constitución de los Estados Unidos, que es adoptada el 17 de septiembre de 1787.

Escena de la firma de la Constitución de los Estados Unidos, cuadro de Howard Chandler Christy, 1940.

Benjamin Franklin fallece el 17 de abril de 1790 en Filadelfia, a la edad de 84 años, y entra en el panteón de los grandes hombres que han marcado la historia de los Estados Unidos y, de forma más extensa, de Occidente.

MOMENTOS CLAVE

«UNIRSE O MORIR» (1754)

Cuando estalla en América la guerra franco-india, los británicos teóricamente gozan de una posición dominante frente a sus oponentes: aunque el territorio que ocupan tiene un tamaño modesto y está encerrado en la enorme colonia de Nueva Francia, cuentan con una abrumadora superioridad numérica: 1,5 millones de habitantes contra solo 90 000 colonos franceses. Para compensar esta situación, los franceses forman alianzas con varias tribus amerindias, que participan activamente en sus expediciones militares contra los ingleses. Por tanto, no resulta sorprendente ver a los franceses y sus aliados realizar incursiones en suelo británico desde el inicio de las hostilidades, sin encontrar resistencia por parte de los colonos americanos. La vulnerabilidad inicial de las Trece Colonias se debe principalmente a su incapacidad para ignorar las diferencias que las oponen entre ellas para enfrentarse juntas al enemigo.

Es cierto que las colonias británicas de Norteamérica tienen poco en común en vísperas de la Revolución estadounidense. A diferencia de Nueva Francia, cuyo Gobierno está muy centralizado, cada una de las Trece Colonias tiene su propio gobierno, que defiende celosamente sus intereses frente a los demás. Además, mientras que el gobernador de Nueva Francia goza de una gran autonomía en su toma de decisiones, la de los gobernadores de las Trece Colonias se ve obstaculizada por las asambleas representativas, que restringen su campo de acción en tiempos de guerra.

Además, la población de las Trece Colonias es particularmente heterogénea y no forma un bloque compacto, ya que está formada por ingleses, escoceses, irlandeses, alemanes y africanos. Todos profesan una gran variedad de cultos, a diferencia de la población de Nueva Francia, que se compone casi exclusivamente de católicos procedentes de la Francia metropolitana. En estas condiciones, parece difícil unir a las Trece Colonias que, además, se envidian unas a otras, algo de lo que Benjamin Franklin es plenamente consciente.

El 9 de mayo de 1754, pocos días antes del comienzo de la guerra, Franklin publica un artículo en *The Pennsylvania Gazette* que causa un gran revuelo. Titulado «Join or Die» («Unirse o morir»), insta a las Trece Colonias a dejar de lado sus diferencias y unirse para hacer frente a la amenaza que se cierne sobre ellas. Para ilustrar este artículo, Franklin elige la imagen de una serpiente a punto de morder, pero cortada a trozos. El dibujo es, en realidad, una alegoría de las Trece Colonias, listas para atacar al enemigo pero divididas por sus propios intereses.

Ilustración del artículo «Join or Die».

¿SABÍAS QUE...?

Aunque la serpiente que ilustra el artículo «Join or Die» simboliza las Trece Colonias, en el dibujo solamente se representan siete: Carolina del Sur y del Norte, Virginia, Maryland, Pensilvania, Nueva Jersey y Nueva York. Por su parte, las colonias de Massachusetts, Nuevo Hampshire, Connecticut y Rhode Island son agrupadas en un único segmento llamado «New England» (Nueva Inglaterra), mientras que Georgia y Delaware son completamente ignoradas. Cabe destacar que las otras colonias británicas de Norteamérica, es decir, Terranova, Nueva Escocia y las posesiones del Caribe, no aparecen en la ilustración, lo que revela la aparición de una identidad de las Trece Colonias, que se antepone

Ante el peligro que representan los franceses y los amerindios, entre el 19 de junio y el 11 de julio de 1754 se reúne un congreso en Albany que reúne a representantes de siete de las Trece Colonias, para definir un plan de defensa común y para mejorar las relaciones entre los colonos y sus aliados iroqueses. Benjamin Franklin participa en la misma como delegado de Pensilvania y aprovecha la ocasión para presentar un plan de unión que él mismo ha diseñado, en el que propone establecer una confederación de las colonias dirigida por un gran consejo y por un presidente general. Este gobierno común tendría competencias propias, sobre todo en materia de seguridad del territorio, y por lo tanto sus prerrogativas no interferirían en absoluto con las de las diferentes asambleas regionales ni con las del monarca británico, al que la confederación seguiría estando sometida. Por lo tanto, no se trata de ninguna manera de crear una nación independiente de Gran Bretaña, sino de reforzar la cohesión entre las Trece Colonias dentro del Imperio británico. Franklin concibe esta idea tras el estudio de la organización política de los iroqueses, a los que admira y cuyas tribus se agrupan en una sola confederación.

El proyecto interesa a los miembros presentes en el congreso, que lo aprueban el 10 de julio de 1754. Sin embargo, las asambleas representativas de las siete colonias no lo ratifican, puesto que quieren preservar su soberanía. Ciertamente, el proyecto de Franklin es vanguardista, ya que por primera vez se preconiza un acercamiento entre las distintas colonias y la instauración de instituciones comunes para todas. En este sentido, el plan de unión ya anticipa la Constitución estadounidense que, 30 años más tarde, incluirá algunas ideas que ya se habían presentado en el Congreso de Albany.

LA REDACCIÓN DE LA DECLARACIÓN DE INDEPENDENCIA DE LOS ESTADOS UNIDOS (1776)

Con el cierre del puerto de Boston y el envío de nuevas tropas a América, Gran Bretaña emprende una política represiva contra sus colonias americanas, que se niegan a pagar los impuestos aprobados en Londres sin su consentimiento. Así pues, la confrontación armada entre ambos bandos parece ineluctable.

Tras un primer enfrentamiento entre americanos y casacas rojas británicos en Lexington (19 de abril de 1775), las colonias deciden reunirse en un segundo congreso continental, que empieza en Filadelfia el 10 de mayo de 1775 y que dura hasta el 1 de marzo de 1781. La primera medida importante adoptada en esta asamblea es la creación de un ejército continental, cuyo mando se encomienda a George Washington, héroe de la guerra de los Siete Años. El Congreso no lucha por la independencia de una nación americana, sino para preservar los derechos de las colonias, que aceptarán soltar las armas si Londres acepta sus reivindicaciones. Sin embargo, la lealtad hacia Gran Bretaña se desmorona poco a poco hasta llegar al punto de ruptura en julio de 1776.

En este momento, el Congreso decide separarse definitivamente de Gran Bretaña. La primera colonia que elige el camino de la independencia es Carolina del Norte, en abril de 1776, seguida por Virginia un mes después. El 7 de junio de 1776, el diputado de Virginia Richard Lee (1732-1794) presenta al Congreso una resolución para aprobar la independencia de las Trece Colonias. Cuatro días después, se forma una comisión compuesta por John Adams (futuro segundo presidente de Estados Unidos, 1735-1826), Thomas Jefferson (futuro tercer presidente de Estados Unidos, 1743-1826), Roger Sherman (abogado y político, 1721-1793), Robert Livingston (político, 1746-1813) y Benjamin Franklin, con el fin de redactar un proyecto de declaración de independencia. El 4 de julio de 1776, el documento es aprobado por la Asamblea y constituye el acta de nacimiento de los Estados Unidos de América.

Declaración de Independencia de Estados Unidos, cuadro de John Trumbull, 1819.

La Declaración de Independencia crea un precedente en la historia de la humanidad: el texto afirma de entrada que los hombres nacen iguales y que disponen de derechos inalienables, como el derecho a la vida, a la libertad y a la búsqueda de la felicidad. Sin embargo, esta afirmación solemne con vocación universal no se aplica a todos los seres humanos: las mujeres, los amerindios y los esclavos negros quedan excluidos. Además, la declaración estipula que los Gobiernos se instituyen entre los hombres con el único objetivo de garantizar los derechos fundamentales y que, por lo tanto, pueden ser abolidos si no actúan en consecuencia. En el resto del texto se presentan los 27 agravios de las Trece Colonias contra Inglaterra y que justifican *de facto* la insurrección americana. Asimismo, el escrito describe al rey de Gran Bretaña Jorge III (1738-1820) como un tirano sanguinario.

La paternidad de la Declaración de Independencia se le atribuye al jurista Thomas Jefferson, que es el miembro más joven de la comisión encargada de redactarla. Sin embargo, se desconoce el grado de implicación que los otros miembros de la comisión tuvieron en el proceso de redacción. Con todo, parece que Benjamin Franklin desempeña el papel de censor y que suprime algunos trozos del texto que no eran esenciales. A falta de redactar la declaración —en la que muy probablemente están presentes algunas de sus ideas— Franklin puede, por lo menos, delimitar sus contornos y, al firmarla con los 55 otros signatarios, se convierte en uno de los padres fundadores de los Estados Unidos.

EL ESTABLECIMIENTO DE LA ALIANZA ENTRE FRANCIA Y LOS ESTADOS UNIDOS (1776-1778)

A partir del 19 de abril de 1775, la guerra causa estragos en las colonias. Desde el momento en el que empiezan las hostilidades, los ingleses se colocan en una posición de ventaja: ganan la batalla de Bunker Hill (17 de junio de 1775), toman Nueva York en septiembre de 1776 y avanzan en todas direcciones. Frente a las temibles tropas inglesas, el general Washington solamente puede oponer una débil resistencia. Y con razón: a sus soldados les falta de todo. La precaria situación en la que se encuentran entonces los jóvenes Estados Unidos hace que el Congreso Continental se decida a buscar aliados que puedan proporcionarles ayuda militar y económica y proporcionarle al ejército los uniformes, armas y municiones que tanto necesita. El hecho de solicitar ayuda a Francia se impone de forma natural, ya que el resentimiento de los franceses respecto a los ingleses es especialmente importante desde la pérdida de sus colonias americanas en 1763. Con este objetivo, el Congreso envía rápidamente a Silas Deane (1737-1789) a Versalles y a Arthur Lee (1740-1792) a las otras cortes de Europa.

Por muchas razones, Benjamin Franklin también parece ser un candidato ideal para representar a los Estados Unidos en Francia. De hecho, además de haber visitado ya el país en 1767 y 1769, el hombre goza allí de una buena reputación debido a sus investigaciones en el campo de la física. Asimismo, Franklin es miembro de la Academia de Ciencias de Francia desde 1772 y ha tenido el privilegio de asistir al Gran Cubierto de Versalles (la cena pública de la familia real). Por otra parte, no es la primera vez que intenta desempeñar una labor diplomática y, en este sentido, tiene experiencia en la materia: a principios de otoño de 1753, mientras la guerra de los Siete Años se dibujaba en el horizonte, Franklin había sido enviado con otros dos representantes de Pensilvania a la ciudad de Carlisle (en el mismo estado de Pensilvania) con el fin de concluir un tratado de amistad con las tribus amerindias que vivían en la región del río Ohio. La convención que Franklin propuso fue aceptada por las tribus y por la Asamblea representativa de Pensilvania, pero fue rechazada por el gobernador de la colonia debido a las excesivas concesiones que implicaba hacia los amerindios. Franklin representó entonces a su colonia durante el Congreso de Albany (1754) y en Londres (1757-1762 y 1764-1775). En febrero de 1776, el Congreso de los Estados Unidos lo envió en misión diplomática a Montreal para sumar a los canadienses franceses —bajo dominio británico desde 1763— a la causa de las Trece Colonias. Sin embargo, su misión en Quebec fue un fracaso, ya que los habitantes católicos de origen francés preferían permanecer leales a los británicos que les garantizaban la libertad de religión, en lugar de ser una minoría en una república mayoritariamente protestante.

Así pues Franklin, a su vez, es enviado por el Congreso en misión diplomática a Europa. Se embarca hacia el Viejo Continente el 26 de octubre de 1776 y se lleva con él a sus nietos William Temple Franklin (1762-1823) —hijo de William Franklin— y Benjamin Franklin Bache (1769-1798) —hijo de Sarah Franklin—. Además, aprovecha su largo viaje hacia Francia para dedicarse por completo al estudio de la corriente del Golfo, tomando cada día la temperatura del agua y del aire. El 4 de diciembre desembarca en Auray, en Bretaña, y continúa su camino hasta que, 16 días después, llega a Versalles.

¿Sabías que...?

Durante su misión diplomática, Franklin utiliza en beneficio propio algunos prejuicios que existen en la Francia de la época sobre los colonos americanos, considerados personas simples, toscas, e incluso salvajes. Con la voluntad de que el pueblo francés muestre interés por él y por la causa que defiende, se viste con un atuendo marrón y con un sombrero de piel de marta para encajar con la imagen que los europeos se han formado de los americanos. La simplicidad que muestra cada día gracias a este atuendo estrafalario le hace ganarse la simpatía de los franceses, que ven en él la representación de los colonos estadounidenses, un pueblo simple y honesto al que hay que ayudar.

El 28 de diciembre y, después, el 9 de enero de 1777, es recibido por el conde de Vergennes (1719-1787), ministro francés de Asuntos Exteriores, al que le propone una alianza. El conde le entrega en secreto dos millones de libras, pero no se pronuncia todavía sobre el proyecto de alianza. Su posición es comprensible: a pesar de sus derrotas en Trenton (26 de diciembre de 1776) y en Princeton (3 de enero de 1777), los británicos toman Filadelfia en septiembre de 1777 y obligan al Congreso Continental a huir. Mientras espera la respuesta de Vergennes, Franklin dedica su tiempo a asistir a reuniones de la Academia de Ciencias y a visitar los salones de París, donde es recibido con entusiasmo por las élites francesas, seducidas por su buen carácter y su simplicidad. Rápidamente, Franklin se convierte en un ídolo para el pueblo francés, que se queda prendado de la causa americana gracias a sus alegatos, como el famoso marqués de La Fayette (1757-1834), que organiza y financia una expedición militar para ayudar a los Estados Unidos. Junto a sus diversas actividades, Franklin continúa con sus tareas diplomáticas, sobre todo creando vínculos con el reino de Suecia, a través de su embajador en Francia, el conde Creutz (1731-1785).

¿SABÍAS QUE...?

Durante su estancia en Francia, el camino de Franklin se cruza con el de François-Marie Arouet, llamado Voltaire (1694-1778), que vuelve a París tras 28 años de ausencia expresamente para saludarlo. Durante su encuentro, el célebre autor de *Cándido* y de *Zadig* lo abraza calurosamente y luego coloca sus manos sobre la cabeza del joven Benjamin Temple Franklin, como para bendecirlo, y dice «Dios y Libertad» (Domínguez 2007, 95) —en inglés, «God and Liberty»—.

El 17 de octubre de 1777, los americanos obtienen su primera gran victoria desde el inicio del conflicto, la de Saratoga. Los ingleses capitulan con 5000 hombres y el acontecimiento hace que Francia se decida a materializar un tratado de amistad y de comercio, acompañado por un tratado de alianza y de defensa mutua con los Estados Unidos. El intercambio de firmas se produce el 6 de febrero de 1778 entre el representante de Vergennes y Benjamin Franklin. A continuación, Luis XVI (rey de Francia, 1754-1793) recibe en Versalles a los embajadores Franklin, Deane y Lee el 20 de marzo, y oficializa el tratado: Francia entra oficialmente en guerra luchando en el bando de los Estados Unidos. En 1780, el país galo envía 6000 hombres dirigidos por el mariscal Rochambeau (1725-1807). Sin embargo, el conflicto no ha terminado y Franklin debe continuar con su acción proporcionando armas a los Estados Unidos, movilizando a corsarios para atacar a los barcos ingleses y, sobre todo, pidiendo nuevos préstamos para su país. Entre 1776 y 1783, Francia pone a disposición de los americanos 47,5 millones de libras, 6 de los cuales proceden de donaciones.

EL TRATADO DE PARÍS (1783)

La ayuda militar y logística francesa obtenida por Franklin acaba dando sus frutos. Gracias a la ayuda de Rochambeau y de la flota francesa dirigida por el almirante de Grasse (1722-1788), el 19 de octubre de 1781 los americanos obtienen la victoria decisiva de Yorktown, que marca prácticamente el final de los combates en América. Así pues, ya solamente falta negociar la paz entre los Estados Unidos y Gran Bretaña, una tarea que el Congreso encarga a Franklin y que este realizará con la ayuda de John Jay (1745-1829) y John Adams, dos nuevos embajadores americanos enviados a Europa para sustituir a Lee y a Deane. Sin embargo, Benjamin ya tiene 77 años, y está muy cansado y sufre de gota. Por eso, poco a poco empieza a delegar las negociaciones a sus colegas y encarga a su nieto William Temple Franklin que lo represente en la corte de Francia.

Las negociaciones, que oficialmente empiezan el 12 de abril de 1782, conducen a la firma de los preliminares de paz el 30 de noviembre del mismo año. En abril de 1783, el Congreso de los Estados Unidos las ratifica, y el 3 de septiembre del mismo año los representantes británicos y estadounidenses —entre los que se encuentra Benjamin Franklin— firman definitivamente el tratado de paz en París. Con este acuerdo, Gran Bretaña reconoce la independencia de sus antiguas colonias y les otorga los territorios comprendidos entre los Apalaches y el río Misisipi. Por lo tanto, la misión de Franklin en Europa llega a su fin y el embajador aspira a terminar sus días en América. Sin embargo, todavía tiene que esperar la autorización del Congreso para volver a su país, que llegará en junio de 1785.

REPERCUSIONES

UN VISIONARIO

Benjamin Franklin es un personaje fundamental para la historia de su país, que contribuye al reconocimiento internacional de las Trece Colonias, ancestros de los Estados Unidos, especialmente gracias a sus investigaciones sobre los fenómenos eléctricos. Pero, sobre todo, marca la historia de América con su acción política: es el primer hombre que considera que las Trece Colonias forman parte de un conjunto más vasto y que formula la posibilidad de unirlas en una única confederación, a pesar de sus diferencias. El plan de unión elaborado por Franklin, demasiado vanguardista para su época, había sido rechazado por las asambleas representativas de las colonias. Incomprendido, no deja de ser un visionario, ya que su sueño federal se materializa varias décadas más tarde, durante la Revolución estadounidense y también en ocasión de la elaboración de la Constitución de los Estados Unidos, la primera vez en que se concreta la noción de federalismo en Occidente.

PADRE FUNDADOR DE LOS ESTADOS UNIDOS... ¡Y DE OTROS PAÍSES!

Benjamin Franklin también deja su huella en la historia mundial gracias a su contribución activa —junto con su amigo Thomas Jefferson— a la elaboración de la Declaración de Independencia, verdadera acta de nacimiento de un país que un día se convertirá en la primera potencia mundial.

En 1776, el texto de esta famosa Declaración constituye un precedente en la historia de la humanidad, ya que enumera una serie de derechos inalienables directamente heredados de la filosofía de la Ilustración. En una época en la que los derechos a la vida, a la igualdad, a la libertad y a la felicidad no están formalmente garantizados en ningún país, los Estados Unidos son los primeros en otorgárselos solemnemente a todos sus ciudadanos, exceptuando a las mujeres y a los esclavos. Según varios historiadores, la Declaración de Independencia de los Estados Unidos habría servido de fuente de inspiración para las declaraciones de independencia que posteriormente se han realizado en el mundo lo que, por tanto, confiere a Benjamin Franklin y a sus colaboradores una innegable paternidad en muchos otros textos fundacionales, como la Declaración de los Derechos del Hombre y del Ciudadano (1789) y la Declaración Universal de Derechos Humanos (1948). Así, mediante su participación en la Declaración de Independencia, Franklin le ha legado al mundo un modelo de democracia y de libertad.

Lo mismo sucede en el caso de la Constitución estadounidense —que data de septiembre de 1787— que, en realidad, fue la primera constitución escrita de la historia y que sirvió de fuente de inspiración a otros Estados. Aunque la contribución de Benjamin Franklin a su redacción fue muy modesta —entonces tenía 81 años y estaba muy debilitado por la vejez y la enfermedad—, tuvo el mérito de ser uno de sus 39 signatarios.

Las bases asentadas por Franklin y sus compañeros con la redacción de la Declaración de Independencia y, más adelante, con la de la Constitución, resisten a muchas crisis y todavía hoy constituyen los cimientos de la sociedad estadounidense. Así pues, se trata de una verdadera herencia que los padres fundadores de los Estados Unidos transmiten a las generaciones siguientes.

PIONERO DE LAS RELACIONES DIPLOMÁTICAS ENTRE FRANCIA Y LOS ESTADOS UNIDOS

Benjamin Franklin también tiene un papel muy importante en la historia de las relaciones internacionales: es el padre de las relaciones diplomáticas entre Francia y los Estados Unidos. En febrero de 1778, este trabajador incansable consigue sumar al reino de Francia a la causa de los revolucionarios americanos. Así, franceses y americanos luchan juntos contra el enemigo británico y lo vencen en la batalla de Yorktown, marcando el inicio de una larga amistad de más de 200 años entre ambas naciones. A pesar de algunos pequeños incidentes a lo largo de la historia, nunca se ha producido una ruptura de las relaciones diplomáticas entre estas dos grandes potencias, cuya amistad conservada hasta nuestros días constituye, también, una herencia del americano Benjamin Franklin y el francés La Fayette legada a sus respectivas naciones.

Asimismo, la guerra de Independencia de los Estados Unidos no es el único conflicto de gran importancia en el que ambas naciones combaten juntas contra un enemigo común: también luchan en el mismo bando en la Primera Guerra Mundial (1914-1918), en la Segunda Guerra Mundial

(1939-1945), en la primera guerra del Golfo (1990-1991), en la guerra de Afganistán (2001-2014) y desde 2014 participan juntas en la lucha contra la organización terrorista Estado Islámico, también conocida como Dáesh.

AL SERVICIO DE SUS CONCIUDADANOS

Benjamin Franklin es un verdadero filántropo que, a lo largo de toda su vida, se preocupa por la suerte de sus conciudadanos y por su bienestar. En 1731 crea la Library Company of Philadelphia, una biblioteca que ha perdurado hasta nuestros días en forma de biblioteca independiente de investigación centrada en la sociedad estadounidense del siglo XVII hasta el XIX. En 1751, funda también una academia que en 1792 se convierte en la Universidad de Pensilvania, una de las universidades estadounidenses más antiguas. Actualmente, este centro es uno de los mejores establecimientos de enseñanza superior de los Estados Unidos, y varios de sus antiguos alumnos han sido galardonados con el premio Nobel. Otra buena acción de Franklin con su pueblo es la creación en 1752 de un hospital en Filadelfia, el más antiguo de este tipo en los Estados Unidos, activo desde hace más de dos siglos en beneficio de los ciudadanos. Esto ilustra el vanguardismo de Benjamin Franklin, que sabe comprender mucho antes que sus compatriotas toda la importancia del saber y de la medicina para el bienestar de la sociedad y, de forma más amplia, de la humanidad.

EN RESUMEN

1706
17 en.: nacimiento de Benjamin Franklin

1736
Franklin Roosevelt es senador del estado de Nueva York

1751
Benjamin Franklin se convierte en diputado de esta misma asamblea

1754
9 may.: **Benjamin publica su artículo «Join or Die» en *The Pennsylvania Gazette***

19 jun.-11 jul.: **Congreso de Albany, en el que Benjamin Franklin presenta su plan de unión**

1754-1763
Guerra llamada franco-india

1756
Benjamin Franklin entra en la Royal Society de Londres

1772
Benjamin Franklin se convierte en miembro asociado de la Academia de Ciencias de Francia

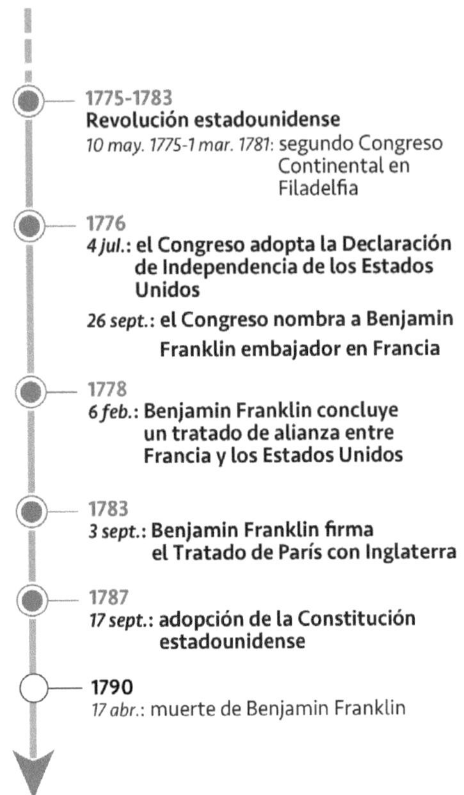

- Benjamin Franklin es una verdadera leyenda de la historia de los Estados Unidos. Nacido en una modesta familia de fabricantes de velas, asiste muy poco al colegio. A pesar de este obstáculo, acaba convirtiéndose en un formidable hombre de negocios, gracias a su trabajo y a su mérito. Gracias al hecho de poseer *The Pennsylvania Gazette* y a la venta de su célebre *Almanaque del pobre Ricardo*, es uno de los hombres más ricos de Pensilvania.

- Franklin, que es autodidacta, se convierte en uno de los mayores científicos de su tiempo revelándole al mundo la naturaleza eléctrica del rayo. Obtiene el reconocimiento de sus compañeros entrando en la Royal Society de Londres en 1756 y convirtiéndose en miembro asociado de la Academia de Ciencias de Francia en 1772, lo que demuestra su importancia en el ámbito científico.

- El éxito financiero de Franklin le permite dedicarse al interés público. Este perfecto filántropo crea, en beneficio de sus conciudadanos, una biblioteca, una academia y un hospital, que todavía hoy están en funcionamiento.

- Franklin es también un visionario: en 1754 propone un plan de unión de las Trece Colonias británicas y contempla la creación de una confederación americana. Su plan, demasiado vanguardista para su época, no se materializa, puesto que las colonias se preocupan más por preservar sus prerrogativas que por unirse frente a sus enemigos comunes. Habrá que esperar a 1776 para que el sueño de Franklin finalmente se cumpla: las Trece Colonias se asocian y fruto de su unión nacen los Estados Unidos de América.

- Franklin es un gran defensor de los derechos de los colonos americanos, y se opone a los distintos impuestos instaurados por los británicos, que encolerizan a sus compatriotas. A pesar de sus intentos por reconciliar los puntos de vista, no puede evitar que estalle la guerra entre americanos y británicos.

- El periodo más importante de su vida es, indudablemente, la misión diplomática que lleva a cabo en Francia durante la Revolución estadounidense. Gracias a su determinación, logra proporcionar al ejército americano —que en ese momento está en una delicada situación— el material y los fondos necesarios para continuar con su lucha contra los británicos.

- Asimismo, Franklin desempeña un papel clave en la revolución, participando en la redacción y en la firma de la Declaración de Independencia de los Estados Unidos, que marca el nacimiento de una nueva nación. Además, firma el Tratado de París —que pone punto final a las hostilidades con Gran Bretaña y reconoce la independencia de sus antiguas colonias— y la Constitución estadounidense. Franklin tiene la particularidad de haber sido el único ciudadano estadounidense que ratifica estas tres actas fundacionales, algo que lo convierte innegablemente en el padre de los Estados Unidos.

PARA IR MÁS ALLÁ

FUENTES BIBLIOGRÁFICAS

- Audouze, Jean. 2006. *Moi, Benjamin Franklin. Citoyen du monde, homme des Lumières*. París: Dunod.
- Boatner, Mark. 1994. *Encyclopedia of the American Revolution*. Mechanicsburg: Stackole books.
- Chatel de Brancion, Laurence. 2007. *Benjamin Franklin. À la recherche d'un monde meilleur*. París: Economica.
- Durpaire, François. 2013. *Histoire des États-Unis*. París: Presses universitaires de France.
- Fohlen, Claude. 2000. "Et m... pour le roi d'Angleterre". *Historia thématique*, n.º 68, 22-27.
- Frerejean, Alain. 2006. "Benjamin Franklin, le plus français des Américains". *Historia*, n.º 709, 28-32.
- Hugues, Gérard y Daniel Royot, ed. 1991. *Benjamin Franklin, des Lumières à nos jours*. París: Didier Érudition.
- Joutard, Philippe. 2015. "Les combattants des Lumières". *Historia*, n.º 410, 40-45.
- Lacroix, Jean-Michel. 2013. *Histoire des États-Unis*. París: Presses universitaires de France.
- Lemay, Leo. 2006. *The Life of Benjamin Franklin*, vol. 1, 2 y 3. Filadelfia: University of Pennsylvania Press.
- Linteau, Paul-André. 1994. *Histoire du Canada*. París: Presses universitaires de France.
- Salles, Catherine, dir. 1988. *Histoire de France illustrée. Le siècle des Lumières, 1715-1789*. París: Larousse.
- Van Ruymbeke, Bertrand. 2000. "La taxe sur le timbre provoque le ras-le-bol". *Historia thématique*, n.º 68, 16-21.

- Zweiacker, Pierre. 2011. *Sacrée foudre! Ou la scandaleuse invention de Benjamin F.* Lausana: Presses polytechniques et universitaires romandes.

FUENTES COMPLEMENTARIAS

- Cottret, Bernard. 2004. *La révolution américaine. La quête du bonheur, 1763-1787.* París: Perrin.
- Domínguez, Martí. 2007. *El Regreso de Voltaire.* Madrid: Ediciones Destino.
- Dziembowski, Edmond. 2015. *La guerre de Sept Ans.* París: Perrin.
- Fohlen, Claude. 1989. *Les pères de la révolution américaine.* París: Albin Michel.
- Haugen, Brenda y Andrew Santella. 2005. *Benjamin Franklin, Scientist and Statesman.* Minneapolis: Compass Point Books.
- Isaacson, Walter. 2004. *Benjamin Franklin, an American Life.* Nueva York: Simon & Schuster.
- Morgan, Edmund. 2003. *Benjamin Franklin.* New Haven: Yale University Press.
- Wood, Gordon. 2001. *The American Revolution: A history.* Nueva York: Modern Library.

FUENTES ICONOGRÁFICAS

- La Masacre de Boston. La imagen reproducida está libre de derechos.
- El Motín del Té. La imagen reproducida está libre de derechos.
- Ataque durante la batalla de Yorktown. La imagen

reproducida está libre de derechos.

* Retrato de Benjamin Franklin por Joseph-Siffred Duplessis, 1778. La imagen reproducida está libre de derechos.
* *Benjamin Franklin atrayendo la electricidad del cielo*, cuadro de Benjamin West, c. 1816. La imagen reproducida está libre de derechos.
* *Escena de la firma de la Constitución de los Estados Unidos*, cuadro de Howard Chandler Christy, 1940. La imagen reproducida está libre de derechos.
* Ilustración del artículo «Join or Die». La imagen reproducida está libre de derechos.
* *Declaración de independencia de Estados Unidos*, cuadro de John Trumbull, 1819. La imagen reproducida está libre de derechos.

DOCUMENTAL Y SERIE DE TELEVISIÓN

* *Benjamin Franklin*. Dirigido por Ellen Hovde y Muffie Meyer, con Dylan Baker y Richard Easton. Estados Unidos: 2002.
* *John Adams*. Serie de televisión dirigida por Tom Hooper, con Paul Giamatti, Laura Linney y Tom Wilkinson. Estados Unidos: HBO, 2008.

EDIFICIOS CONMEMORATIVOS

* La estatua de bronce de Benjamin Franklin realizada por Ernst Plassmann (escultor estadounidense, 1823-1877) alrededor de 1872, situada en Park Row, en Nueva York, Estados Unidos.

- La estatua de bronce de Benjamin Franklin realizada por Jacques Jouvenal (escultor estadounidense, 1829-1905) alrededor de 1889, situada frente al Old Post Office Pavilion, en Washington D. C., Estados Unidos.
- La estatua de bronce de Benjamin Franklin realizada por John Boyle (escultor estadounidense, 1851-1917) alrededor de 1896-1899, situada en el campus de la Universidad de Pensilvania, en Filadelfia, Estados Unidos.
- La estatua de Benjamin Franklin realizada por John Boyle, alrededor de 1898, situada en la plaza Yorktown, en París, Francia.
- La estatua de Benjamin Franklin realizada por James Earle Fraser (escultor estadounidense, 1876-1953), alrededor de 1906-1911, situada en el Benjamin Franklin Memorial, en Filadelfia, Estados Unidos.
- El Benjamin Franklin Memorial, edificio diseñado por John Windrim (arquitecto estadounidense, 1866-1934), inaugurado en 1938, en Filadelfia, Estados Unidos.

¡APRENDER NUNCA ANTES FUE TAN RÁPIDO!

www.en50minutos.es